Lk 7 2306

NOTICE HISTORIQUE

SUR CRÉCY.

NOTICE HISTORIQUE

sur Crécy,

TIRÉE DES MANUSCRITS DE DOM GRENIER,

Historiographe de Picardie,

DÉPOSÉS A LA BIBLIOTHÈQUE DU ROI

(2ᵐᵉ. PARTIE. 21ᵐᵉ. PAQUET, Nº. 2),

Mise en ordre par M. DE CAYROL, *Membre correspondant de la Société Royale d'Émulation d'Abbeville.*

ABBEVILLE,
IMPRIMERIE DE A. BOULANGER.
—
1837.

NOTICE HISTORIQUE

SUR

CRÉCY (*).

Crécy (1), palais des rois de la première race, portait les noms latins de *Crisciacus* en 660, *Cricecus* en 673, suivant la chronique de Frédégaire, *Crisciagus* d'après l'auteur des Gestes des rois de France, *Chrisciacus* et non *Christiacus* si l'on s'en rapporte à l'opinion de Dom Mabillon sur la date du testament de saint Leger évêque d'Autum, *Crisciaccus* comme l'indique un plaid du roi Childebert III, du 8 avril 709, enfin *Cresciacus* dans les temps postérieurs, et ces mots ont été rendus en français pur *Cresci* et *Cressi* aux XIIe et XIIIe siècles.

(*) Voy. à la fin de cette notice la note relative aux manuscrits de Dom GRENIER.

Ce palais fut bâti dans le Ponthieu sur la rivière de Maie, au milieu de la forêt qui paraît en avoir pris le nom.

La position de ce lieu suffisait pour en faire un séjour agréable à nos rois, à cause de la chasse : néanmoins il en reste peu de monumens. L'histoire constate seulement que Clotaire III y confirma, le 1er février 660, un échange entre Mommolin, évêque de Noyon, et Bertin, abbé de Silhin (2). Elle nous apprend également que Leudese (3), maire du palais, s'étant retiré à Crécy pour se mettre à l'abri des mauvais desseins d'Ebroin (4), celui-ci vint l'y trouver et le tua en trahison, après lui avoir fait mille protestations d'amitié (5).

Si le testament qui porte le nom de Saint-Leger était plus authentique, l'on pourrait penser que le roi Thierry (6) étant en ce palais (7) la même année, y avait assemblé un grand nombre d'évêques, en la présence desquels celui d'Autum avait mis par écrit ses dernières volontés (8).

Le roi Childebert III y tint un plaid, comme on vient de le voir le 8 avril 709 (9). C'est le dernier des rois qui fit un séjour prolongé à Crécy, si l'on en excepte Henri IV qui s'y arrêta en novembre 1590. — Cependant tout porte à croire que différens rois de la seconde et de la troisième race honorèrent de leur présence le château de Crécy, puisque M. d'Argnies de Fresnes, avocat à Abbeville, nous apprend par une lettre du 1er juillet 1786, qu'en faisant construire une maison dans l'emplacement de l'ancien château il y a découvert des monnaies d'argent de Charlemagne, de Charles-le-Chauve, d'Henri Ier, de Louis IX, de Philippe-le-Bel et enfin de Charles duc d'Orléans, père de Louis XII, portant d'un côté la croix (10).... et de l'autre les armes d'Orléans et Lambel (11).

A la place de ce palais détruit depuis plusieurs siècles et dont il n'existe plus aucune trace, un bourg s'est élevé avec le titre de baillage prévotal du Ponthieu.

M. Godard de Beaulieu, ancien maire de la ville d'Abbeville, qui a publié un Mémoire historique et topographique sur le comté de Ponthieu (12), assure qu'il existe plus de deux cents fiefs dans l'étendue de ce baillage, dont quinze environ dans le bourg seul de Crécy (13).

Le domaine de Crécy ayant été aliéné pour satisfaire aux besoins de l'état, fut racheté au commencement du siècle dernier suivant les lettres patentes de 1613, qui donnent permission de vendre les arbres des routes des forêts du Ponthieu, pour racheter le domaine (14).

Crécy est du doyenné de Rue; son église paroissiale, qu'on dit être fort belle, a pour patron saint Séverin, évêque de Cologne (15). N'aurait-elle pas succédé à la chapelle du château dont il est fait mention dans une lettre du 10 novembre 1356, écrite par Jacques de Bourbon comte de Ponthieu (16). Cette église, ainsi que celle de l'hôpital, dédiée à saint Nicolas, renferment les tombeaux d'un grand nombre de seigneurs tués à la fatale journée du 26 août 1346.

L'hôpital, dont il ne reste plus que la chapelle, avait été fondé au mois de janvier 120$\frac{9}{10}$ par Guillaume IVe du nom, comte de Ponthieu, conjointement avec la comtesse Alix de France son épouse, pour les pauvres pélerins : ils lui avaient donné entre autre chose vingt journaux de bois dans la forêt de Crécy, et au chapelain dix livres à prendre sur la vicomté.

Crécy, Jard-lez-Rue et le Tiltre étaient sous le commandement du même capitaine : l'ordonnance de Charles VI pour la police générale du royaume du 25 mai 1413 (17), réduit à quarante livres tournois les appointemens de cent livres qui lui avaient été payés jusque là pour faire le service dans les trois places. Dès avant 1591, Crécy était sans défense, c'est-à-dire que sa forteresse avait été détruite.

Le comte Guillaume Talvas affectionnait ce lieu. Il y fit plusieurs séjours, comme l'indiquent les chartes qu'il expédia, *in camera apud Crecy*, en 1183, le 8 septembre 1144 et le 23 avril 1595 (18).

Les habitans de Crécy furent affranchis et favorisés du privilége de former une commune, par lettres du comte Talvas (19), de 1194, à la charge d'un cens de soixante livres qui sont encore payées annuellement.

Cette charte, traduite en patois du pays, se

trouve au folio vi^{xx}. et xix, recto du registre du bureau des finances d'Amiens, intitulé *Comtes de Ponthieu*. En voici la copie.

« Juin 1184 (20).

« Pour ce que *Remenbranche* (21) de homme
» est *Escoulourgable* (22) et les choses qui sont
» notées en lettres, sont plustôt rappelées à
» mémoire, je Willamne Talevas *cùens* (23) de
» Ponthieu, fais savoir à tous *chians* (24) qui sont
» et qui à venir sont que j'ai octroyé des assenti-
» mens *Guyon* (25) mon oncle et Engéran mon sé-
» néchal, du conseil de mes hommes, os hommes
» de Crescy à avoir *Quémugne* (26) et à tenir
» contre tous hommes permanablement comme
» à mes *feus* (27), selon les droits et les coutu-
» mes de le quémugne d'Abbeville sauf le droit
» de sainte église et le mien, et de mes hoirs
» et de mes barons. Si est en telle manière
» établi et par serment confermé. »

Le premier maire se nommait Monan.

En 1336, le roi Philippe de Valois accorda à la commune, une mallote ou impôt à lever sur les habitans, pour la défense du bourg (28).

Le nom de ce prince rappelle l'événement funeste à toute la France, arrivé le samedi 26 août 1346, c'est-à-dire, la bataille gagnée par les Anglais à la porte de Crécy, et dont elle conserve le nom dans l'histoire, car le champ de bataille où restèrent trente mille hommes y compris douze cent chevaliers et vingt-quatre bannières, se nommait *Bulincamp*.

La chronique de Ponthieu manuscrite, rédigée par MM. Rumet (29), rapporte, au sujet de cette bataille, une prophétie qui est qu'en *Bulincamp se combattraient cinq rois ensemble:* en effet, Philippe de Valois avait dans son armée les rois de Bohème, des Romains, et des îles Baléares (30).

Tous les détails sur la bataille de Crécy se trouvent dans le premier volume de la chronique de Froissard, pages 137 à 141 (31).

Un anonyme a fait imprimer aussi dans le *Mercure de France,* du mois de mai 1757, pages 155 à 182, une lettre sur la position du champ de bataille, de laquelle il résulterait que le fort de l'action se passa dans la vallée des Clercs.

Voici les passages les plus remarquables de cette lettre (32).

L'auteur après avoir rendu compte du motif qui l'a engagé à visiter le champ de bataille de Crécy, trace la marche de l'armée anglaise, jusqu'au gué de la Somme à Blanque Taque, puis il ajoute:

« Le 25 août, dès le matin, le roi d'Angleterre
» avait passé la Somme, et après avoir défait
» les troupes qui défendaient le passage com-
» mandées par Godemard du Fay, il était monté
» dans la plaine qui est au-dessus du village de
» Port.... C'est là qu'il se détermina sur la route

» que son armée devait prendre, car sa posi-
» tion était encore embarrassante. En effet, à
» gauche, du côté de la mer, elle avait des
» marais immenses formés par les vallées de la
» Somme, de la Maie, de l'Authie et de la
» Canche, qui se réunissent dans une étendue
» de huit lieues.

» De cette plaine on découvre tous ces ma-
» rais.... C'était s'exposer à une perte certaine
» que de s'engager dans un pays de cette na-
» ture.... Celui qui se présente en face n'est
» pas d'un plus facile accès : les bois commen-
» cent là où finissent les marais.... et ils con-
» tinuent presque jusqu'à Montreuil; il eût été
» aussi dangereux de s'y engager....

» Le pays qui se présente à droite est plus
» accessible.... et c'est aussi le chemin que
» choisit Édouard... Après avoir mis une partie
» des bois de Crécy entre lui et l'armée de Phi-
» lippe qui, arrêtée par la marée, avait été
» obligée de remonter jusqu'à Abbeville pour
» y passer la Somme....

» Impatient de joindre son ennemi, Philippe
» partit de cette ville le lendemain (26 août)
» avec la plus grande précipitation et il y laissa
» même quelques pièces d'artillerie, par les-
» quelles il craignait d'être retardé dans sa
» marche (33).

» La bataille s'est donnée précisément à la
» source de la petite rivière de Maie, qui coule
» de l'est à l'ouest et va se rendre dans l'Océan,

» au-dessous de la ville de Rue. Elle commence
» au village de Fontaines et passe ensuite au
» bourg de Crécy ; c'est dans la vallée qu'elle
» forme entre ces deux endroits que la bataille
» s'est livrée.

» Il peut y avoir une bonne demi-lieue du
» village de Fontaines au bourg de Crécy, le
» terrain qui les sépare est divisé en deux col-
» lines, entre lesquelles coule la rivière dans
» une prairie fort étroite. Ces deux collines
» sont d'un accès facile, celle qui est au midi,
» est cependant moins escarpée que celle qui
» est au nord ; elle s'élève insensiblement dans
» l'espace d'un quart de lieue, et forme une
» plaine en pente douce qui est terminée par
» une vallée sèche, dans le fond de laquelle
» commence la forêt de Crécy.

» La colline qui est au nord est plus escar-
» pée : elle présente aux yeux plusieurs monti-
» cules qui forment une autre petite vallée
» sèche dont la direction est du nord au sud.
» Cette vallée s'appelle *la vallée des Clercs;* la
» tradition du pays veut que le fort de l'action
» s'y soit passé. Cette vallée et les côteaux qui
» l'environnent sont accessibles partout, et la
» cavalerie française pouvait y faire tout son
» effet.

» La colline septentrionale est terminée par
» le village de Wadicourt au nord, et par celui
» d'Estrée au nord-est. La vallée des Clercs est
» entre ces deux villages ; elle remonte insen-

» siblement dans une plaine qui est du terroir
» de l'un et de l'autre : de ces deux villages à
» la Maie il y a au plus un quart de lieue.

» D'après cette description il est aisé de dres-
» ser le plan du champ de bataille..... En se
» figurant une étendue de terrain d'une demi-
» lieue de large sur trois quarts de lieue de
» long, ayant la forêt de Crécy au sud, le bourg
» de Crécy à l'ouest, le village de Wadicourt
» au nord, celui d'Etrée au nord-est, celui de
» Fontaines à l'est, ce terrain retombant en
» pente de chaque côté vers un ruisseau qui le
» traverse dans sa largeur (34).

» Edouard, arrivé le premier, avait eu l'avan-
» tage de choisir son terrain..... Il s'était dé-
» terminé à occuper la colline qui est au midi,
» en sorte que son armée était adossée contre
» la forêt, sa *droite* était appuyée contre le
» bourg de Crécy, sa *gauche* pouvait être cou-
» verte par un petit bois appelé *le bois Gué-*
» *rard* (35) qui subsistait peut-être déjà, ou par
» un retranchement qui ne devait pas être long
» à faire dans un pays où le bois est très-com-
« mun (36). »

L'auteur, après cette discription, démontre fort
bien qu'Edouard n'aurait pas eu une position
aussi avantageuse s'il avait placé son camp sur
la colline septentrionale, et ce qui prouve, dit-il,
qu'il ne l'a pas occupé « c'est qu'il est constant
» qu'après la bataille, Philippe de Valois se
» sauva au château de la Broye (37), et le châ-

» teau est situé sur la rivière d'Authie, immé-
» diatement derrière le village d'Estrée, et il
» eût été absolument impossible au roi de
» France de se retirer de ce côté là, si l'armée
» anglaise avait été appuyée contre les villages
» d'Estrée et de Wadicourt, qui, comme on l'a
» dit, sont situés sur la colline septentrionale...

» Je puis donc dire avec vérité, continue
» l'auteur, que l'armée d'Edouard était campée
» sur la colline méridionale de la vallée de
» Maie, qu'elle avait *la forêt de Crécy par der-*
» *rière, le bourg de Crécy à gauche, la rivière*
» *de Maie en devant et à droite un retranche-*
» *ment ou le bois dont j'ai parlé ci-dessus* (38).

» La situation des lieux et la position de
» l'armée anglaise étant connues, je reviens à
» Philippe de Valois partant d'Abbeville le sa-
» medi 26 août 1346. Le chemin qu'il avait à
» suivre le conduisait à la situation la plus
» avantageuse qu'il eût jamais pu trouver; ce
» chemin est celui qui conduit d'Abbeville à
» Hesdin... En le suivant, Philippe de Valois
» se trouvait porté sur la colline septentrionale
» qui borde la vallée de Maie et qui est opposée
» à celle qu'occupait l'armée anglaise. Il pou-
» vait s'y poster, occuper les villages de Fon-
» taines, d'Estrée et de Wadicourt et y retran-
» cher son armée; il pouvait faire garder les
» derrières du bourg de Crécy contre lequel
» l'armée d'Edouard était appuyée, et par là
» il mettait les Anglais dans le cas de venir

» l'attaquer avec désavantage, ou pour mieux
» dire il les enfermait de façon qu'il n'y avait
» plus pour eux d'espérance de pouvoir échap-
» per.
» Il paraît que l'intention du roi de France
» était de prendre toutes ces précautions et de
» profiter de tous ces avantages. La fatigue des
» troupes, le soir qui approchait, le peu de
» connaissance qu'il avait de la position de son
» adversaire, tout cela exigeait qu'il différât le
» combat; aussi le roi donna-t-il ses ordres
» pour empêcher l'attaque avant que toute l'ar-
» mée fût arrivée; mais les premiers bataillons
» s'imaginèrent qu'on voulait leur enlever la
» gloire de combattre et de vaincre, pour la
» donner à d'autres, et l'ordre ne fut pas exé-
» cuté.
» Le roi arriva avec sa noblesse et trouva
» l'action engagée: les choses étaient trop
» avancées pour reculer; il fallut soutenir une
» infanterie fatiguée que son ardeur avait em-
» portée trop loin : le roi fit alors avancer les
» archers Génois qui étaient les meilleurs fan-
» tassins de l'armée, car dans ce temps les
» étrangers faisaient toute la force de l'infante-
» rie française. Les élémens se déclarèrent con-
» tre eux: un orage subit les empêche de faire
» usage de leurs flèches, ils refusent d'aller à
» l'ennemi avec des armes qui leur deviennent
» inutiles; alors les Français se croient trahis
» par les Génois, ils veulent les contraindre de

» retourner à la charge, ce qui ne fait qu'aug-
» menter le désordre.

» Enfin Philippe de Valois n'eut plus d'autre
» ressource que dans sa cavalerie qui était com-
» posée de l'élite de la noblesse française (39); il
» la rassembla toute dans la vallée des Clercs
» qui était l'endroit où elle pouvait se ranger
» plus commodément, n'ayant que la rivière à
» passer; il s'y présenta. La tradition veut que
» ce soit là que se sont faits les plus grands ef-
» forts.... Mais ils ne purent jamais réparer les
» premières pertes.... La cavalerie française fut
» obligée de plier après une perte considérable
» et des faits d'armes sans nombre.... Le com-
» bat ne finit même qu'avec le jour......

» Les causes du désastre arrivé à l'armée fran-
» çaise sont donc la situation avantageuse d'E-
» douard, le repos dont ses troupes avaient joui
» depuis le soir de la veille, la fatigue des Fran-
» çais qui avaient fait quatre grandes lieues
» avant de combattre, la précipitation des pre-
» mières attaques, le mépris des ordres du géné-
» ral, l'heure de la bataille et enfin la pluie qui
» survint lorsque les meilleures troupes de l'in-
» fanterie commencèrent à donner, et qui ren-
» dit leurs armes inutiles.

» Ne peut-on pas, après cela, justifier Philippe
» de Valois de l'imprudence dont tous les his-
» toriens l'ont taxé?

» Je ne crois donc pas qu'on doive ainsi
» flétrir les lauriers dont Philippe de Valois

» avait été couronné à Cassel. Il faut croire
» au contraire, que toutes ses mesures étaient
» bien prises, qu'il ne voulait pas attaquer
» Édouard le jour de son arrivée, et que l'ordre
» qu'il avait donné était l'ordre d'un général
» prudent, qui veut reconnaître le terrain qu'il
» doit occuper, et l'ennemi qu'il a à combattre.
» L'inexécution de cet ordre a causé son mal-
» heur, il n'en faut accuser que le génie bouil-
» lant des Français (40). »

Le bourg de Crécy, occupé par l'armée anglaise, paraît avoir d'autant moins souffert dans cette circonstance, qu'Édouard le considéra comme un patrimoine qui lui appartenait du chef de sa mère (41), d'après ces paroles que lui prête Froissart, quand il y arriva :

« Prenons cy place de terre, car nous n'irons
» plus avant, si aurons vu nos ennemis, et
» bien y a cause que les attende, car je suis
» sur le droit d'héritage de madame ma mère,
» qui lui fut donné en mariage. Si le voudray
» *chalanger* (42) contre mon adversaire Philippe
» de Valois. »

Plus tard, ce bourg ne fut pas aussi heureux, car les Espagnols le brûlèrent presque entièrement en 1635, par représailles de ce que les habitans quelque temps auparavant avaient retiré de leurs mains le sieur de Montant (43), et les avaient mis en déroute. Les habitans présentèrent requête au conseil pour être déchargés de la taille et de toutes autres impositions, elle fut admise et renvoyée aux trésoriers de France, résidants à Amiens, dont l'avis fut qu'il convenait de leur accorder l'effet de leur demande tant que la guerre durerait. Cela fut conclu au bureau le 3 janvier 1636.

Crécy avait, dès les premières années du XIIIe. siècle, le privilége de tenir marché suivant la concession que fit, au mois d'avril 1207, Guillaume (44), comte de Ponthieu et de Montreuil à un certain Bernard Juélon d'y avoir un étau.

Le Ponthieu ayant passé ensuite aux rois d'Angleterre, (45) une charte donnée par Edouard à Westmenster, le 4 novembre 1282, affranchit le marché qui se tenait tous les lundis, du droit de tonlieu, (46) en faveur tant du vendeur que de l'acheteur, à condition que les bourgeois rendraient chaque année au comte la somme de dix livres. Ce marché a été restreint dans la suite aux premiers lundis de chaque mois. Le marché ordinaire se tenant toujours le jeudi.

Crécy est la patrie de deux hommes que le mérite seul parait avoir fait parvenir aux premières dignités de l'église, ils étaient frères, et à ce titre le premier pourvu, devait songer à faire la fortune de l'autre.

Jean Lemoine s'étant distingué dans l'université de Paris par une étude particulière du droit canon fut successivement chanoine des églises d'Amiens, de Paris et doyen de celle de Bayeux en Normandie. Depuis 1288 jusqu'en 1292, il gagna les bonnes grâces du pape Nicolas IV, qui le fit auditeur de rote. Son successeur, Célestin V, l'honora de la pourpre romaine en 1294, avec le titre de saint Marcellin et de saint Pierre. Jusque là on ne voit point qu'il ait été évêque ni de Meaux, ni de Poitiers ni du Puy en Veley.

Quoique vice-chancelier de l'église romaine sous Boniface VIII et son légat en France, il n'est pas à croire que le cardinal Lemoine ait approuvé la conduite du pontife à l'égard du roi Philippe le Bel. Toute la France ne jetta qu'un cri contre ses injustes prétentions, et Jean était trop bon patriote et connaissait trop bien la ligne de démarcation entre le sacerdoce et l'empire pour ne pas gémir de l'entêtement de Boniface; s'il eut été capable de fomenter la division, la cour de France, Paris même eussent-ils souffert qu'il bâtit un collége dans la capitale vers le même temps, et que son corps y fût déposé après sa mort, qui arriva le 20 août 1313, à Avignon d'où son corps fut apporté à Paris. On dit que son tombeau ayant été ouvert au siècle dernier il fut trouvé presque entier.

Si le cardinal Lemoine fut chargé de bénéfices, il sut faire un bon usage de ses revenus.

Par un article du réglement qu'il fit à Avignon en 1310, il défendit qu'aucun des écoliers de son collége pût être recteur de l'université.

Les boursiers, pour honorer la mémoire de leur fondateur, avaient établi tous les ans, le 13 janvier, *la solemnité du cardinal,* fête qui consistait à élire la veille l'un d'entre eux pour représenter durant l'année le cardinal Lemoine. Il assistait habillé en cardinal à tout l'office de saint Firmin que la nation de Picardie célèbre ce jour là dans le collége du cardinal Lemoine. Il donnait le jour de son élection un repas où les dragées et les confitures sèches étaient servies avec profusion ainsi que le vin ; mais l'après-dîner tous les écoliers venaient le complimenter et réciter des vers et des harangues en l'honneur du fondateur et de celui qui le représentait.

Si l'on en croit Rumet, Jean Lemoine était d'extraction noble parce que Jean de Granbus son parent et héritier des biens de Lemoine était chevalier (47). Cependant François Duchesne, qui insiste beaucoup sur la noblesse du cardinal dans son *Histoire des cardinaux français*, ne qualifie son héritier que de docteur en théologie. Il relève à cette occasion l'erreur de plusieurs auteurs qui ont écrit que la poudre à canon avait été inventée par un *moine* de profession, tandis que c'était un gentilhomme de la famille de *Lemoine* (48).

Les ouvrages attribués au cardinal Lemoine sont :

1° *Liber sextus decretatium cum apparatu*, manuscrit n° XVI de la bibliothèque de Corbie.

C'est un commentaire sur le VI°. livre des décrétales compilé par le pape Boniface VIII.

Un autre manuscrit de cet ouvrage coûta au XV°. siècle neuf écus d'or à dom Gilles Catherine religieux de Corbie, qui alors étudiait en droit à Paris.

Il existe neuf manuscrits de cet ouvrage dans la bibliothèque du chapitre de Laon sous les numéros 251 à 259.

2° *Glossa aurea*, imprimé à Venise en 1586, avec d'autres ouvrages sur le droit canon.

André Lemoine, frère du précédent, avait été chanoine de St.-Martin suivant les annales abrégées de l'ordre des prémontrés, année 1315, avant que d'être nommé à l'évêché de Noyon dont il prit possession le 8 août 1306, et mourut au village de Sampigny le 29 avril 1315, et le 7 mai suivant son corps fut transporté à Paris et placé à côté de celui de son frère.

Il a existé un troisième frère, qui était chanoine de Laon.

FORÊT DE CRÉCY (49).

La forêt de Crécy s'étendait du midi au septentrion depuis la rivière de Somme jusqu'à l'Authie; elle était bornée à l'occident par le Marquenterre, et à l'orient par la forêt de Vicogne.

Le moine Hariulte (50), qui en 1088 mit la dernière main à la Chronique de Centule aujourd'hui St.-Riquier (51), la désigne sous le nom de *Chrisciacensis silva*: le plus ancien titre que nous connaissions, c'est-à-dire un diplôme de Charlemagne de l'an 797 ne la distingue que par la dénomination générale de *forêt* (52), mais le capitulaire de Charles-le-Chauve, de l'année 877, lui donne le nom de Crécy, et la met au rang des forêts royales où le prince Louis son fils ne peut chasser qu'en passant et le plus rarement possible (53). Plusieurs chartes postérieures lui ont conservé le nom de *forestis :* elle était divisée au XIIIe. siècle en différentes parties qui sont en deça de la rivière de Maie. La partie la plus considérable portait le nom de *Crécy*, et est appelée ainsi dans une charte de Simon (54) comte de Ponthieu, du mois d'aoust 1231, et dans une autre du mois de juin 1208, du comte Mathieu (55) et de la comtesse Marie son épouse, *foresta nostra de Crisciaco*.

Une autre partie désignée sous le nom de *Rondel*, s'appelait *Rounden* en 1191, et *Roundel* 1258.

La *Guaden selve, Guaden silva* dans l'acte de fondation du prieuré de saint Pierre d'Abbeville, par le comte Gui en 1100 (56), était une autre portion de cette forêt, nommée *Gadain silva* en 1206, et *Gadein* (57) *silva* dans une bulle du pape Grégoire IX : ne peut-on pas penser que ce mot était l'ancien nom de la forêt toute entière.

La dernière partie de cette forêt porte le nom de *Cantatre*, *Cantastrum* dans la charte de l'année 1100 citée ci-dessus, de même que dans une seconde de l'année 1137, et dans une troisième du mois de mars 126$\frac{2}{3}$ (58), qui est de

Guillaume comte de Ponthieu ; enfin dans une quatrième du mois de novembre 1257, par laquelle Jeanne, reine de Castille, donne au prince Fernand (59) son fils, environ cent journaux de bois dans la forêt de *Cantatre* près du village de *Port-sur-Somme*, entre Abbeville et le Crotoy.

Nous ne parlerons pas de l'extension de cette forêt du côté de Saint-Riquier, il y a trop longtemps que le terrain a été mis en labour par le soin des religieux auxquels il avait été donné en toute propriété. Mais il existait entre la Maie et l'Authie une partie plus considérable qu'on appelle aujourd'hui la forêt de *Vron*, qui s'étendait d'un côté jusqu'à l'embouchure de l'Authie, et de l'autre en remontant cette rivière jusqu'audela du village de Villeroy : en effet d'après les actes de saint Manguille (60), les environs du village de Montrelet étaient couverts de bois (61).

Toute cette forêt appartenait au roi, et un seigneur de la cour, nommé *Mauront*, en était conservateur, ou forestier sous le roi Dagobert.

Suivant la chronique de Centule on accorda (62) à saint Riquier un endroit dans la forêt de Crécy pour s'y retirer, et y vivre dans la solitude.

Les Romains, qui avaient commencé à éclaircir cette forêt du côté de l'orient, en dirigeant la grande voie militaire d'Amiens au village de Ponches sur l'Authie, du côté de l'occident pour la continuation de la chaussée, qui venait du Beauvoisis, et devait cotoyer la Manche jusqu'à

Boulogne, eurent pour imitateurs un ou deux siècles après les Bénédictins de Centule et de Forest-Montiers, qui firent de plus grands abattis soit par eux-mêmes, soit par leurs vassaux.

Saint Riquier s'étant retiré, comme nous venons de le dire, dans une partie de la forêt, il obtint du roi deux ou trois *bonniers* (63) de terres, qu'il défricha avec quelques disciples qui l'avaient suivi dans sa solitude, comme nous l'apprend le diplôme de Charlemagne déjà cité. Cet hermitage étant devenu une abbaye, dotée de plusieurs arpents de bois de la forêt de Crécy qui l'environnaient, Jeanne, comtesse de Ponthieu, permit aux religieux de Forest-Montiers, vers l'an 1257, de les mettre en terres labourables, ce qu'ils firent, et voilà pourquoi ce lieu, où il n'y a plus d'abbaye depuis quelques années, se trouve placé aujourd'hui dans une plaine adossée contre la forêt.

Par un traité fait en 1233, avec Mathieu de Roye (64), seigneur de Guerbigny, Simon comte de Ponthieu et la comtesse Marie son épouse, Mathieu de Roye a la liberté de défricher trois cents journaux de bois sur le chemin de Pontoile.

Les religieux de Saint-Riquier ne furent pas moins actifs dans la partie qui leur avait été concédée en domaine : Gauthier *le Senieur* (65) seigneur de la Ferté de Saint-Riquier, qui possédait le bois de *Tombe* voisin de leur monastère à titre d'*avoué* (66) de cette abbaye, le fit défricher en partie par ses hommes au XIIe. siècle. Ils abandonnèrent de même en novembre 1228, au seigneur de Villeroy sur Authie les bois que le domaine de l'abbaye avait du côté de ce village, pour qu'il en fit le défrichement (67) à la charge de leur rendre la moitié du *terrage* (68).

Les Bernardins de Ballances, transportés à Valloires (69), paraissent n'avoir été établis dans le Ponthieu, que pour continuer les défrichemens de cette forêt, et mettre les terres en culture, c'est à cette condition que la comtesse *Nele* (70) leur donne une..... (71) de terre à défricher dans la forêt de Crécy, et autant aux prémontrés de Saint-Josse-au-Bois, suivant une charte en forme de notice de l'année 1141.

C'est encore à cette condition, qu'au mois de mars $120\frac{7}{8}$, Simon de Nouvion leur aumône cent soixante-dix journaux de bois entre Crécy et Valloires; que Richard, seigneur d'Argoules, leur donne en 1211, trois cents journaux tant dans la partie de Mons sur l'Authie que dans celle qu'on appelait *Rombus, Hatynanyse* (72) et *Moismont*. Ces parties étaient voisines de Valloires.

Enfin ils reçoivent toujours pour défricher au mois d'août 1222, d'Élisabeth héritière et dame d'Argoules épouse de Jean de Cambron, cent journaux mesure de Ponthieu dans le même bois de Mons, (73) et Guillaume dit Talvas leur en transporte cinquante journaux dans la forêt de Crécy avec le fond de la terre au mois de mars 1214.

Les religieux ne travaillèrent pas moins dans la partie de la forêt nommée *Cantatre* par les bienfaits du comte Jean (74) qui leur donna, vers l'année 1154, cinquante verges de bois dans le lieu dit *Bonance* au-dessus du village de Lavier sur la rivière de Somme, *ad extirpandum at que excolendum*, en 1176 quatre autres charrues *ad surtandum :* lesquelles quatre charrues leur furent confirmées par le comte en 1180 : du reste ils avaient une bien plus grande quantité de bois dans cette partie de la grande forêt, car nous voyons.

1° Que Guillaume, comte de Ponthieu, confirma en 1205 deux cents seize journaux et demi de bois de la forêt de *Cantatre* du côté d'Abbeville, entre le village de *Port* et la grange de *Bonance*, y compris le fond de la terre, qui leur avaient été donnés en échange par les prémontrés de Saint-Josse-au-Bois. Ces chanoines réguliers les tenaient de la libéralité du comte Jean;

2° Que le comte Guillaume, en 1214 (75), leur en avait légué vingt journaux avec le fond du côté de Buigny Saint-Maclou ;

3° Que le comte de Ponthieu (76) avait échangé, en décembre 1243, cinquante autres journaux, et le fond dans la forêt de *Cantatre*, contre un pareil nombre qui appartenaient aux Bernardins dans la forêt de *Crécy*.

Les Bénédictins du prieuré de Saint-Pierre d'Abbeville peuvent avoir contribué au défrichement de la *Cantatre :* nous savons seulement que la charte du comte Guy de l'année 1100 (77), leur accordait de prendre dans cette forêt du bois autant que deux ânes en pourraient porter, et la peau de tous les cerfs qui y seraient pris (78).

Il est certain que les frères de la Maladrerie du Val-de-Bugny y travaillèrent au défrichement du bois, car le comte Jean (79) ne leur accorda cinquante arpents dans la *Cantatre* qu'à cette condition : lesquelles terres défrichées devaient être exemptes de terrage, dimes, et de toutes coutumes. Ce don fut fait vers l'an 1160 (80) il leur en fit un autre en 1191 (81), consistant en soixante-neuf journaux situés entre *le Rondel* et la maison des Templiers, aujourd'hui forêt de l'abbaye, avec la liberté de les laisser en nature de bois ou de les mettre en labour.

Le chantre de Saint-Wulfran d'Abbeville en avait cent journaux dans la même partie de la forêt de Crécy, d'après le don que lui fit le comte Guillaume Talvas, que confirma, au mois d'août 1255, la comtesse Jeanne reine de Castille et de Léon. Ce don différait certainement de celui précédemment accordé en 1219 par le même comte, et d'un autre appelé *le bois du Breuil d'Abbeville* qui avait été cédé aux chanoines par le comte Jean pour être défriché.

Quant à la partie de *Gaden Silva*, qui s'étendait depuis Forest-Labbaye jusqu'à Abbeville, il n'en reste plus de traces pour ainsi dire que dans les Chartes. Une partie fut donnée à défricher et à cultiver aux bourgeois d'Abbeville, suivant la charte du comte Jean (82), du 26 mars 1155, à la charge que la dixme sur sept charrues de terre en serait payée aux lépreux du Val de Bugny.

Le défrichement fait par ces bourgeois est mentionné dans une notice de l'année 1157, dans une charte de Thierry, Évêque d'Amiens, de l'année 1164, et dans une seconde du comte Jean de l'an 1177. Il est dit dans une autre, que le mont d'Étaples et tout le terrain des environs jusqu'au hameau d'Oviller (83), n'étaient point compris dans les défrichemens des bourgeois (84) ni dans ceux de la Haie-le-comte qui étaient à *la Croix de Haute Avesne.* D'autre part.... (85) quinze journaux du bois d'Haloy, qui faisaient partie du *Gadain Selve*, furent donnés au même effet, à l'hôpital de saint Nicolas de St.-Riquier, au mois de novembre 1212.

Par ces différens défrichemens et d'autres qui nous sont inconnus, l'ancienne forêt qui couvrait tout l'espace entre l'Authie et la Somme, s'est trouvée.... (86) et les parties réduites insensiblement à l'état, tel qu'on le voit dans le *procès-verbal de réformation des forêts de Picardie,* par ordre de M. Colbert (87). C'est-à-dire, que suivant le procès-verbal du sieur Darrest de Chatigny, subdélégué, du samedi 11 juillet 1665, la forêt de Crécy, compris le Rondel, dont le prince de Joinville avait alors l'usufruit, fut bornée à trois lieues environ dans sa longueur du levant au couchant, et à 7163 arpens un quartier chaque arpent étant de cent verges mesure de roi revenant à celle de Ponthieu à huit mille quatre cent vingt-sept journaux vingt-sept verges de bois divisés en trente coupes de deux cent trente arpens par coupe. Elle est plantée en pays plat et uni, mais pierreux, ce qui fait que l'accroissement des arbres est long et tardif ; mais aussi le bois en est plus solide et plus ferme. On y comptait quatorze mille chênes en 1664. Les hêtres y étaient en aussi grand nombre au moins, dont plusieurs avaient soixante à quatre-vingt pieds de flèche avec une grosseur proportionnée et les autres qualités nécessaires pour faire d'excellentes quilles de vaisseaux.

M. de Saint-Blimont, chevalier seigneur de Pontarles, était châtelain de la forêt de Crécy, le 25 juin 1539, suivant le compte de la recette de Ponthieu de cette année.

On voit par des lettres du roi Charles V du mois de novembre 1370 (88), que ce châtelain avait dans tous les cas la connaissance des premières et secondes ventes des bois de la forêt qui avaient été faites à des bourgeois d'Abbeville, que les maires et échevins de cette ville devaient connaître des troisièmes.

La forêt de *Cantatre* était réduite en 1704, à quinze cents journaux de bois : une autre portion de l'ancienne forêt la plus considérable après celle-là, est le bois de *Nouvion* située entre

Crécy et *Cantatre*, suivant un aveu fait en 1377 par les comtes de Ponthieu. Elle contenait seize cents journaux environ en cinq pièces, mais selon un arpentage du siècle dernier elle n'en avait plus que treize cents cinquante et un journaux et seize verges. Ce ne pouvait être d'ailleurs qu'une distraction de *Crécy* ou de *Cantatre* comme le bois *du Tiltre* de cent vingt-et-un arpens quatre-vingt-huit verges à la mesure du roi, ou cent quarante-trois journaux et quarante-trois verges à la mesure du Ponthieu.

Le bois de *Guesle* (89), vers le village de Port, qui consistait en deux cents cinquante-neuf arpens trente-huit verges mesure du roi ou trois cents cinq journaux treize verges mesure du Ponthieu, était certainement aussi une distraction de *Cantatre*, de même que celui dit *le bois du Gard* près de la petite ville de Rue, qui consistait en une belle futaie de trois cents journaux qui ne subsiste plus aujourd'hui étant depuis long-temps réduite en Garenne. (90)

Ces différentes parties de bois sont de la maîtrise d'Abbeville, et ont été déchargées de touts droits d'usage, chauffage, pannage (91), pâturage, faute de titres suffisans par jugement de la réformation des forêts.

Les bois des forêts de *Vron*, *Crécy* et *Cantatre* sont portés au chantier de Port et de là à Saint-Valery où ils sont chargés pour La Rochelle sur des bâtimens qui y vont chercher des vins et des eaux-de-vies : la plus grande partie du charbon qui se fait dans les forêts du Ponthieu y est transportée de même.

A Compiègne le 25 novembre 1836.

De Cayrol.

NOTES.

NOTE RELATIVE AUX MANUSCRITS DE DOM GRENIER.

Ces manuscrits, qui remplissent une salle toute entière de la bibliothèque du roi, sont de deux genres : les uns qui portent pour indication le mot *rédigés*, étaient sans doute destinés à l'impression ; ils sont écrits à mi-marge, presque toujours sans ratures, et d'une écriture facile à lire : les autres, au contraire sont des notes éparses sur des pages entières ou bien des morceaux de papier de toutes les grandeurs et fort difficiles à déchiffrer à cause des ratures et des surcharges qui se rencontrent à chaque ligne. L'article relatif à Crécy est de ce genre, aussi j'ai été, plusieurs fois, obligé de passer des mots absolument illisibles, mais alors j'ai eu soin d'en faire mention en note, quand il ne m'a pas été possible de deviner la pensée de l'historien que j'ai toujours respectée, même quand il m'a fallu pour la clarté de la phrase, changer quelques-unes de ses expressions, ou bien quand j'ai dû lier entre elles des notes dont sans doute, plus tard, il se proposait de faire un tout régulier semblable à la partie *rédigée* dont j'ai parlé plus haut, et dans laquelle, par exemple, se trouve l'*Histoire de la ville de Corbie,* qui à fourni de volumineux cahiers à D. Grenier, sans doute par esprit de patriotisme, car d'après les détails qu'il donne sur une famille de cette ville portant le nom de *Grenier,* on doit croire que notre historien en était l'un des descendans. Cay.

Nota. Je crois devoir faire observer ici, que toutes mes notes seront terminées comme celle-ci, par Cay., pour les distinguer de celles de D. Grenier.

(1) Cassini, dans sa carte n° 4, écrit *Cressy,* sans doute pour le distinguer des autres endroits qui portent le même nom. Boiste, dans la vi^e. édition de son Dictionnaire, 2e. partie, page 146, à l'exemple de l'*Encyclopédie Méthodique, Dictionnaire de Géographie* les termine tous par *cy,* tandis que le Dictionnaire de Vosgien, édition in-8° de 1792, termine celui du Ponthieu par *ci*, et celui de la Brie par *cy* de, même que celui sur Serre. Enfin le *Dictionnaire général des communes de France,* édition in-8° de 1826, termine par *cy* les six communes qu'il cite comme portant le nom de *Crécy,* savoir : les trois indiquées ci-dessus, auxquelles il

ajoute *Crécy-au-Mont* près Concy, *Crécy Convé* près Dreux, et *Crécy-sur-Cannes* en Nivernais. Dom Grenier ayant adopté la terminaison *cy*, je n'ai pas cru devoir la changer malgré l'autorité de Cassini. Cay.

(2) Mabil. de re Diplom. p. 605 et 604. Ce monastère, situé à Saint-Omer, a pris dans la suite le nom de Saint-Bertin. Cay.

(3) Leudesius, fils d'Erchinald maire de Neustrie, sous Clovis II. Cay.

(4) Maire du palais sous Clotaire III et Thierry Ier, tué par Hermanfroi en 681. Cay.

(5) Rez., franc., scrip., t. II., p. 450.

(6) C'est Thierry III qui monta sur le trône, en 673. Cay.

(7) L'auteur de la vie de Saint-Leger se contente de dire, *dans une certaine maison royale*. Voy. *Mémoires relatifs à l'Histoire de France*. Par Guizot, t. II., p. 355. Cay.

(8) Mabillon *ann. Bened.*, t. I., p. 519., n° 36.

(9) Mabillon *de re Diplom.*, p. 482.

(10) Il y a ici un mot absolument illisible dans le manuscrit de D. Grenier. Cay.

(11) Il me semble que notre savant bénédictin tire de cette découverte une conséquence dont on pourrait contester l'exactitude, car de ce que des monnaies à l'effigie d'un prince ont été trouvées sur l'emplacement du palais qu'il possédait, il ne s'en suit pas rigoureusement que ces monnaies faisaient partie de son épargne: ne peuvent-elles pas avoir été enterrées par l'un de ses serviteurs ou même par des personnes étrangères à sa maison, à la suite des événemens politiques et militaires qui changent si souvent les palais en chaumières. Cay.

(12) Voy. *Mercure de France*, novembre 1740, pag. 2370.

(13) Il ne faut pas oublier que Dom Grenier écrivait avant la révolution de 1789. Cay.

(14) Reg. de la Chancellerie. Lib. XXII.

(15) Des cinq personnages recommandables par leur sainteté qui ont porté le nom de Severin, l'évêque de Cologne est principalement connu par une citation de Grégoire de Tours, dans son ouvrage *de miraculis martyrum*. Lib. i. Cap. iv. Cay.

(16) Jacques Ier., comte de la Marche, connétable de France, tué en 1361, avait été investi du comté de Ponthieu en 1345, ensuite de la confiscation faite sur Édouard III, roi d'Angleterre, auquel le connétable fut obligé de le restituer en vertu du traité de Bretigny, du 8 mai 1360. Cay.

(17) Ord. des rois de France. tom. x. pag. 80. art. 56.

(18) De ces trois dates, il n'y a que celle de 1144 qui puisse appartenir au gouvernement de Guillaume III dit Talvas, puisqu'il est mort le 29 juin 1171. La date de 1183 se rapporte à son fils Jean Ier., et celle de 1595 au règne de Henri IV, époque à laquelle le Ponthieu se trouvait réuni à la couronne. Cay.

(19) Dom Grenier aurait dû dire de Guillaume IV, petit-fils du comte de Talvas, dont il avait conservé le surnom, que le père Anselme appelle Guillaume II, tandis que le père Ignace le nomme Guillaume III : d'après cette diversité d'opinion, j'ai cru devoir suivre pour cette généalogie des comtes de Ponthieu, la classification adoptée par l'auteur (Brunet) de *l'Abrégé chronologique des grands fiefs de la couronne de France*, in-8°. p. 25. Cay.

(20) Dom Grenier a mis ci-dessus 1194, qui est aussi la date donnée par le père Anselme. L. C. pag. 302. Cay.

(21) Le père Daire, dans un *essai de dictionnaire* de la langue Picarde, que j'ai trouvé parmi ses manuscrits qui m'ont été adjugés à la vente de la bibliothèque de M. Caussin de Perceval, écrit *remanbrance*, souvenir. Cay.

(22) Roquefort, dans son *dictionnaire de la langue romane*, écrit *escoulouriable, escouloriable*, changeant, muable, du verbe *escoulourger*, passer, s'écouler. Voy. aussi La Combe, *dictionnaire du vieux langage français*. Cay.

(23) Comte, d'après le père Daire et Roquefort. Cay.

(24) Ceux. — Voy. ibid. Cay.

(33)

(25) Guy, qui apparemment était son tuteur suivant le père Anselme. L. C. pag. 302. Cay.

(26) Commune. Cay.

(27) Sergents, huissiers. Cay.

(28) Registre de la chambre des comptes de Paris, cote B. f. 22.

(29) Cette chronique, dit le père le Long, *Bib. hist. de la France*, tom. III, n°. 34187, est tirée *des histoires et mémoires de Nicolas Rumet*, maître des requestre, et augmentée par François Rumet, sieur de Beaucourroy, son fils, ancien mayeur d'Abbeville, qui vivait encore en 1599. Nicolas Rumet, sieur de Buscamp, ajoute le père le Long, fut d'abord lieutenant général de Montreuil-sur-mer, ensuite commis par le roi pour recevoir les requestres que devaient être présentées à l'amiral de Coligny : il vivait en 1560, et est mort à Abbeville. Sa chronique a été continuée jusqu'à 1594 : elle a passé successivement de la bibliothèque du chancelier Seguier, dans celle de Saint-Germain-des-Prés, et elle doit se trouver aujourd'hui à la bibliothèque du roi. Jacques Sanson, dont j'ai déjà cité l'histoire *chronologique des mayeurs d'Abbeville*, donne, pages 801 à 803 de son ouvrage, la généalogie de la famille des Rumet, mais il ne dit rien de leurs *histoires et mémoires* cités par le père le Long et Dom Grenier. Cay.

(30) Cette prophétie a été répétée par Jacques Sanson, L. C., pag. 334, à la suite du récit détaillé de la bataille de Crécy, et sans doute il l'a puisée à la même source que Dom Grenier. Cay.

(31) Dans mon édition qui est celle de Lyon, Jean de Tournes, 1559 in-fol. Ce récit se trouve aux pages 150 et 155, ainsi qu'à celles 355 à 383 du deuxième volume de l'édition donnée en 1824, par M. Buchon, pour sa collection in-8. des *chroniques nationales françaises*. Cay.

(32) Dom Grenier se contente de la citer, mais comme son auteur a eu pour but de justifier Philippe de Valois du désastre de Crécy, et qu'il donne, sur la position respective des deux armées, des détails qui rectifient ce que différens historiens ont avancé à cet égard, il m'a semblé utile, pour completter la notice du savant

bénédictin, d'y ajouter un extrait de cette lettre perdue, pour ainsi dire, dans la volumineuse collection du *Mercure*. Cay.

(33) Froissart, celui de tous nos historiens qui s'est le plus étendu sur la bataille de Crécy, ne dit pas un mot de ce fait dans sa relation, et il se tait également au sujet de l'assertion émise par Jean Villani, écrivain florentin, dans son *Histoire universelle*, liv. XII., chap. 65, que l'armée d'Edouard III effraya la cavalerie française. *Con bombarde che scettavano Pellottole di ferro con fuoco per impaurire e disertare i cavalli dé francesi.*

Du Cange en citant sans aucun examen ce passage de l'historien florentin dans son *Glossarium ad scriptores mediæ et infimæ latinitatis*, à l'article *bombarda*, parut ne pas douter de la réalité du fait et lui donna par conséquent l'appui de sa vaste érudition. Mezerai et Daniel n'hésitèrent pas également à consigner dans leurs histoires l'assertion de Villani, comme un événement sur lequel il n'y avait pas le moindre doute à élever; mais Villaret, continuateur de Velly, fut plus réservé puisqu'il employa la forme dubitative dans sa narration. « On croit, dit-il que ce fut à cette « bataille qu'on se servit pour la première fois d'artillerie, etc. » (Voy., édition in-12., t. VIII, p. 450).

Voltaire jugeant la conduite de Philippe de Valois avec sa légèreté ordinaire, tire de l'assertion de Villani la conséquence « qu'un « roi qui n'avait point de canon quand son ennemi en avait ne méri- « tait point de vaincre, » après avoir dit, toutefois, avec assez de raison que *si l'anglais eut cette supériorité, pourquoi tous nos historiens rejettent-ils la perte de la bataille sur les arbalétriers Génois?* (Voy. *Essai sur les mœurs*, t. II, p. 362., édition de M. Buchot).

Dans un autre de ses ouvrages (*Notes sur la tactique* même édition, t. XIV, p. 270) Voltaire au lieu de douter, affirme qu'*il est très-faux que les Anglais eussent employé le canon dans leur victoire de Crécy*; ainsi d'après tout ce que je viens de rapporter et surtout à raison du silence de Froissart, je suis tout-à-fait de l'avis de Voltaire en le blamant, toutefois de n'avoir pas, en l'émettant, rétracté son injuste apostrophe envers Philippe de Valois. Cay.

(34) La carte de Cassini n° 4, est parfaitement d'accord avec cette description. Cay.

(35) La carte de Cassini ne donne pas ce nom, mais la place du petit bois y est indiquée. Je remarquerai toutefois qu'il y a dans cette phrase une transposition des deux mots *droite* et *gauche*, car puisque l'armée anglaise avait la forêt de Crécy derrière elle et qu'elle faisait face à la rivière de Maie, c'était alors *la gauche* qui était appuyée à Crécy et *la droite* au bois Guérard, comme l'auteur, au reste va le dire plus bas. Cay.

(36) Cette discription de l'assiette du camp d'Édouard est d'accord avec celle donnée par Dupleix : « Là, dit-il, Édouard choisit « un lieu fort d'assiette sur une colline où il se campa ayant un « bois derrière, et rempara le front et les flancs du camp avec « les charriots de l'armée dont il fit une clôture. » (Voy. *Histoire générale de France*, in-folio, t. II, p. 494. Cay.

(37) « Lors chevaucha tant le roi, dit Froissart, qu'il vint au cha- « tel de la Broye : si le trouva fermé, car il faisait ja moult noir et « obscur, lors fit le roi appeler le chatelain qui vint sur les guettes « et dit qui est-ce la ? qui appelle à cette heure ? Le roi dit, *ouvrez,* « *ouvrez chastellain c'est la fortune de France.* » Réponse que la postérité à toujours admirée, et dont le fameux mot de Louis XIV, *l'état, c'est moi!* est en quelque sorte la traduction.

Au lieu de cette réponse, pleine de grandeur, les auteurs de *l'art de vérifier les dates* édition in-fol., de 1793, t. I, p. 596, ont prétendu qu'un manuscrit de la chronique de Froissart, déposé dans la bibliothèque de Berne portait, *ouvrez, ouvrez c'est l'infortuné roi de France:* et l'un des commentateurs de notre vieil historien, M. Dacier, adoptant cette version, a même ajouté qu'elle était celle de *tous les manuscrits* qu'il a collationnés. (Voy. *Collection des chroniques nationales françaises*, par J. A. Buchon. 1824., in-8. t. II. p. 370.)

Malgré l'autorité de M. Dacier, je me permettrai de révoquer en doute cette assertion, et je persiste à croire que le sens adopté par Denis Sauvage, dans son édition in-fol. donnée à Lyon chez Jean de Tournes en 1559, premier volume, p. 154, est la véritable, et qu'il faut regarder comme corrompu dans ce passage le manuscrit de Berne ainsi que ceux consultés par M. Dacier, d'autant plus que cette longue phrase, *l'infortuné roi de France* n'a pas ce laconisme qui était le cachet du temps et qui se rencontre dans *la fortune de France*.

Si l'on voulait absolument ravir à Philippe de Valois la belle idée que renferme ce dernier mot, je croirais plutôt que faisant un retour sur lui-même dans cette triste circonstance, et pensant alors au surnom de *Bien fortuné* qui lui avait été donné par les Français quand on le vit monter sur un trône dont sa naissance semblait devoir l'éloigner il se sera écrié avec dépit à la question du châtelain, *ouvrez, ouvrez c'est le fortuné de France!* Dans cette hypothèse du moins la grandeur du monarque ne se trouve point rabaissée comme elle l'est par la phrase plate et triviale que nos compilateurs modernes disent avoir lue dans leurs manuscrits. Cay.

(38) Rectification de la faute d'impression signalée ci-dessus. Cay.

(39) On trouve dans la *Collection des chroniques nationales françaises* par J. A. Buchon, tome XIV, à la suite de Froissart, un ancien *poème sur la bataille de Crécy*, l'auteur débute ainsi :

« Au temps qu'estoire est en décours,
» Ke li Sollaux laist son tant cours,
» Et Ke li tamps se refroi dist ;
» Que li frois la verdeur matist,
» Et fait les vers arbres jaunir ;
» C'on voit à meureté venir
» Tous fruits qui de fleurs sont issants ;
» C'on voit yver apparaissant
» Selon le droit cours de nature ;
» En celluy tamps, par aventure
» Estoie endormit en mon lit ;
» Mais moult y oi este petit,
» Quand en un songe fuy ravis.......

Le récit de ce songe amène l'éloge des braves chevaliers qui trouvèrent leur tombeau dans les champs de Crécy, et l'auteur commence comme cela devait être, par celui de Jean de Luxembourg....

« Ce bon roi......
» Qui était sire de Behaigne.......

Renom, proësce et loyauté célèbrent tour-à-tour les hauts faits de cette triste journée qui vit.....

> « Et la banière à terre abattre
> » D'Alanchon et rompre les plois
> » Celle de Flandres et de Blois ;
> » De Harcourt et de Lohéraine,
> » Celle de Saussoire en la plaine
> » Et celle du bon comte de Saumes,
> » Et gesir targes et hyaumes
> » A terre et les seigneurs morir........

L'honneur accusé par la nature de toutes ces pertes finit par lui dire :

> » Estre ne puet plus nobles fins
> » Que morir pour son droit Seignour.
> » J'ai de tel mort joie greignour
> » Que de cent en vie rémés.

La renommée vante ensuite les exploits de chaque chevalier et de tous ceux

> » . . . . Qui mort sont.
> » . . . . . Pour la soi honnour garder.   Cay.

(40) Cette *lettre adressée à un membre de l'académie d'Amiens*, est signée D. D. et datée d'Abbeville, le 15 novembre 1756. Cay.

(41) Éléonore, comtesse de Ponthieu, qui avait épousé Édouard Ier. roi d'Angleterre, était la grand-mère et non pas la mère d'Édouard III, puisque cette dernière était Isabelle, fille de Philippe IV, dit le Bel, qui n'avait aucun droit sur le comté de Ponthieu. Cay.

(42) Disputer, (voy. Roquefort. L. C.) Cay.

(43) J'ai vainement cherché quelques traces de cet événement dans les mémoires du temps et dans *l'histoire généalogique* du père Anselme, aux différens articles concernant la famille de Montant, je n'ai rien trouvé qui puisse s'y rapporter. Seulement on voit par les *mémoires du cardinal de Richelieu*, édition de Petitot, tome VIII, pag. 432, qu'en 1635, le comte de Bugnoy, fit une invasion en Picardie, brûlant et saccageant tous les bourgs et villages

où il put entrer. « Ces brûlemens, dit le cardinal, donnèrent tant
» d'effroi *à nos peuples* en la Picardie, que S. M. crut nécessaire
» d'y envoyer le maréchal de Chatillon, homme de cœur et d'ex-
» périence pour aider au duc de Chaulnes, qui commandait une
» armée de dix mille hommes. » C'est sans doute alors qu'eut lieu
l'incendie de Crécy, à l'occasion peut-être de Philippe de Mon-
tault depuis duc de Navailles, né en 1619, page à quatorze ans
du cardinal de Richelieu, et qui en 1635, âgé de 19 ans, fut
probablement alors chargé par le cardinal de quelque mission en
Picardie. Cay.

(44) Le IVe. du nom. Cay.

(45) Par le mariage d'Éléonore, dont il a été parlé plus haut
avec Édouard Ier., qui eut lieu en 1282. Cay.

(46) En latin *telonium* droit seigneurial qui se payait par les
vendeurs ou acheteurs, pour la place occupée dans les foires ou
marchés. (Voy. dict. de Trevoux). Cay.

(47) Manuscrit. folio 229. recto.

(48) Cette opinion, dont je n'avais jamais entendu parler, contre-
dit celle adoptée par M. Leblont dans un article de l'Encyclopédie
de Diderot d'après lequel il faudrait croire qu'un nommé *Ber-
tholde Schwartz* inventa la poudre à canon et en fit connaître l'u-
sage aux Vénitiens en 1380. D'autres prétendent au contraire
qu'un *moine* de Fribourg (lequel?) appelé *Constantin Anelzen* en
trouva le secret, et Voltaire (dict. phil. édition de M. Benchot.
t. XXVII. p. 259,) au lieu de se ranger à l'une de ces deux opinions
dit qu'il faut attribuer cette découverte à *Roger Bacon*, moine
anglais qui vivait au XIIIe siècle. Cay.

(49) Il paraît d'après le plan arrêté par le savant bénédictin pour
la seconde partie de son *Histoire de Picardie* que les notes rela-
tives la forêt de Crécy devaient lui sesvir à rédiger un article sé-
paré de celui qu'on vient de lire : j'ai donc cru devoir laisser à
cette suite de la notice sur Crécy la forme que l'auteur avait sans
doute l'intention de lui donner. Cay.

(50) Le père le Long, dans sa *Bibliothèque historique de la France*,

écrit de différentes manières le nom de ce moine de Saint-Riquier : ainsi la table porte *Hariulphe* et le n° 12733. *Hariulf*. Il n'a pu être, ajoute-t-il, *silentiaire* de Charlemagne, c'est-à-dire secrétaire de son cabinet comme le dit l'abbé Chatelain à la page 607 de son Martyrologe. Baillet, La croix du Maine, Duverdier, Niceron, Moreri et la Biographie universelle se taisent sur les auteurs. Cay.

(51) D'achery, spicil., t. IV., p. 443.

(52) *In ipsa silva quæ forestis dicitur.* Voy. *Rer., franc., script.,* t. V., p. 759.

(53) *In Crisciaco similiter caci et tantummodo in transitu et sicut minus salest.*, art. 82.

(54) Simon de Dammartin comte d'Aumale, premier époux de Marie fille de Guillaume IV comte de Ponthieu et d'Alix de France fille du roi Louis VII dit le Jeune et sœur de Philippe Auguste que Guillaume épousa en 1191 malgré le bruit qui avait couru, que liée avec Henri II roi d'angleterre elle en avait eu un fils. (Voy, abrégé chron., des grands fiefs p. 25. Cay.

(55) Mathieu de Montmorency sieur d'Attichy fils de Mathieu II, dit le Grand connétable de France et de Gertrude de Soissons, qui mourut en 1250 sans laisser d'enfans, de Marie comtesse de Ponthieu dont je viens de parler et qu'il avait épousée en secondes noces. (Voy. *Moreri.* Cay.

(56) Gall. Christ., t. X., col. 296. Voy., aussi *Moreri* et l'*Histoire Ecclésiastique* d'Abbeville, qui font connaître que le fondateur du prieuré de St.-Pierre est Gui IIe du nom, fils de Guillaume III dit Talvas comte de Ponthieu et d'Adèle de Bourgogne. Gui mourut avant son père, et le père Anselme, *Histoire Généalogique*, t. III, p. 300, ajoute qu'il fut de l'expédition du roi Louis le jeune en la Terre Sainte l'an 1147, et qu'il mourut de maladie à Ephese où il fut enterré suivant Guillaume de Tyr., lib. XIII. Cay.

(57) D'après le *Dictionnaire Astique* de Bullet *gued, guevd, guad, guadum, gadium* se traduisent en français par *gué*, et comme la plus grande partie de ce qui formait anciennement la forêt de

(40)

Crécy est située vis-à-vis le gué de la Somme à Blanque Taque n'aurait-elle pas reçu de cette position le nom de *forêt du Gué*. Cay.

(58) Dom Grenier s'est sans doute ici trompé de chiffre et il faut lire $116\frac{2}{3}$ puis qu'en $126\frac{2}{3}$ l'héritière de Ponthieu était Jeanne, seconde femme de Fernand III roi de Castille; ainsi le Guillaume dont il est ici question est le III.ᵉ surnommé *Talves* qui vivait en $116\frac{2}{3}$ puis qu'il décéda en 1171. (Voy., *abrégé des grands fiefs*. Cay.

(59) Elle a eu trois enfans, Fernand, Louis et Éléonore: Fernand lui succéda au comté de Ponthieu et mourut deux ans après sans avoir été marié. Cay.

(60) Religieux de Saint-Riquier qui vint d'Allemagne en France sous le règne de Clovis fils de Dagobert. (Voy. *Histoire Ecclésiastique d'Abbeville*, p 500.) Cay.

(61) *Silvarum opacitate circumdatus*. (Voy., art. 55. Bénéd., sec. IV., part. II., p. 540.

(62) Cette version est la première adoptée par Dom Grenier, car il a corrigé ce passage, mais la surcharge est absolument illisible. Cay.

(63) Champ dont on a déterminé les limites. (Voy. Roquefort Gloss. t. 1. pag. 166. Cay.

(64) Ce doit être celui qui épousa Marguerite de Picquigny, fille de Jean Vidame, d'Amiens. (Voy. la Morlière, *des maisons illustres de Picardie*, pag. 118. Cay.

(65) *Maître*, ou bien *Ancien*, homme expérimenté (voy. Roquefort, tom. II, pag. 539. Cay.

(66) *Advoé, advoué, avoé*, protecteur reconnu. (Voy. ibid. t. I. pag. 27. Cay.

(67) Archives de St.-Riquier, liasse de Villeroy, pag. 3.

(68) Droit seigneurial qui se dit en plusieurs lieux pour signifier la même chose que *Champart*, et qui se lève comme la dixme de dix en douze gerbes. (Voy. *Trévoux*). Cay.

(69) Voy. *hist. eccles. d'Abbeville*, pag. 474. Cay.

(70) Adèle de Bourgogne, femme de Guillaume III dit Talvas. Cay.

(71) Le mot désignant la quantité de terre, est absolument illisible dans le manuscrit de Dom Grenier. Cay.

(72) Ces deux premiers noms ne se trouvent pas sur la carte de Cassini ; au lieu d'*Hatynanyse*, ne faudrait-il pas lire *Enconnay*, voisin *de Moismont* sur cette carte, mais, toutefois, dans un éloignement assez grand de Valoires, en remontant l'Authie. Cay.

(73) Cartulaire de Valloires, folio 54, verso.

(74) Ce doit être Jean Ier. Cay.

(75) Dom Grenier n'est pas ici d'accord avec *l'abrégé chron. des grands fiefs* qui fait mourir le comte Guillaume en 1210. Cay.

(76) Mathieu de Montmorency, comme époux de Marie, comtesse de Ponthieu. (Voy. ci-dessus). Cay.

(77) Dom Grenier n'est pas encore ici d'accord avec *l'abrégé des grands fiefs*, qui fait mourir Guy Ier. en 1080. D'après cet ouvrage, c'est Agnès sa fille, qui possédait le Ponthieu en 1100. Et du Cange est également de cet avis. Cay.

(78) *Gall. Christ.* tom. x. pag. 297.

(79) Lequel ? Jean Ier. mourut en 1185, suivant *l'abrégé des grands fiefs*, et en 1191, au siége d'Acre, d'après le père Anselme, tom. III, pag. 304 : tandis que Jean II, mourut en 1220, suivant l'abrégé quand le père Anselme le fait tuer en 1214, âgé de quinze ans, à la bataille de Bouvines. Cay.

(80) Alors c'est Jean Ier. Cay.

(81) Maintenant ce serait non pas Jean II, puisque d'après le père Anselme, il n'était pas né en 1191 ; mais son père Guillaume IV, qui mourut en 1210 suivant l'abrégé, en 1224 d'après le père Ignace (voy. *hist. des comtes de Ponthieu*), en 1225, s'il faut en croire le père Anselme, tandis que du Cange place sa mort avant le mois de novembre 1224, et M. Dufourni en 1221.
Cay.

(82) Jean I. Cay.

(83) Cassini a mis sur sa carte *Haut-Villers*. Cay.

(84) C'est sans doute ce défrichement qui est nommé dans une charte d'Hugues de Fontaines de l'an 1205, *in partis Abbatis villæ*.

(85) Le mot qui désigne la quantité est illisible dans le manuscrit. Cay.

(86) Mot illisible. Cay.

(87) M^{ss}. de..... à St.-Germain des Prés., coté 64., fol. 2. B. R. 50 et 68.

(88) Ord., des rois de France, t. v., p. 3077.

(89) La carte de Cassini porte le bois *de Dielle*. Cay.

(90) Aussi ou n'en trouve aucune trace sur la carte de Cassini. Cay.

(91) Droit qui appartient au propriétaire d'une forêt pour souffrir que les porcs y viennent paitre le gland, la faine etc. (Voy., le Dict., de Trevoux). Cay.

www.ingramcontent.com/pod-product-compliance
Lightning Source LLC
LaVergne TN
LVHW021703080426
835510LV00011B/1554